GRÜN

Ben Raskin

GRÜN

Mein Mitmach-Gartenbuch

DK | Penguin Random House

Lektorat Susan Kelly, Tom Kitch, Monica Perdoni, Fleur Jones
Gestaltung und Bildredaktion Michael Whitehead,
Wayne Blades, Clare Barber
Illustrationen Tonwen Jones

Für die deutsche Ausgabe:
Programmleitung Monika Schlitzer
Redaktionsleitung Martina Glöde
Projektbetreuung Janna Heimberg
Herstellungsleitung Dorothee Whittaker
Herstellungskoordination Ksenia Lebedeva
Herstellung Stefanie Staat

Titel der englischen Originalausgabe:
Grow – A family guide to growing fruit & veg

© Leaping Hare Press, 2017
An imprint of The Quarto Group
Ovest House, 58 West Street
Brighton BN1 2RA
United Kingdom
www.quartoknows.com

Text Copyright © Ben Raskin 2017
Design und Layout Copyright © The Ivy Press Limited 2017

© der deutschsprachigen Ausgabe by
Dorling Kindersley Verlag GmbH, München, 2020
Ein Unternehmen der Penguin Random House Group
Alle deutschsprachigen Rechte vorbehalten

Übersetzung Wiebke Krabbe
Lektorat Frauke Bahle

ISBN 978-3-8310-3928-9

Druck und Bindung Printplus Ltd, China

FSC
www.fsc.org
MIX
Papier aus verantwortungsvollen Quellen
FSC® C001701

www.dorlingkindersley.de

Hinweis
Die Informationen und Ratschläge in diesem Buch sind von den Autoren und vom Verlag sorgfältig erwogen und geprüft, dennoch kann eine Garantie nicht übernommen werden.
Eine Haftung der Autoren bzw. des Verlags und seiner Beauftragten für Personen-, Sach- und Vermögensschäden ist ausgeschlossen.

Inhalt

Alles über Pflanzen

In diesem Buch erfährst du, wie du leckeres Obst und Gemüse anpflanzen kannst. Du lernst, den Boden vorzubereiten und zu säen, ein Beet anzulegen und zu ernten. Am Ende des Buchs findest du ein tolles Rezept für dein Gemüse. Aber zuerst schauen wir uns an, woher Pflanzen eigentlich die Energie bekommen, die sie zum Wachsen brauchen.

Das Besondere an Pflanzen

Pflanzen enthalten den grünen Stoff Chlorophyll. Er hilft ihnen, Kohlenstoffdioxid aus der Luft aufzunehmen. Daraus stellen sie mithilfe von Sonnenlicht und dem Wasser aus dem Boden Zuckerstoffe her, ihre Nahrung. Gleichzeitig geben sie Sauerstoff in die Luft ab. Dieser Vorgang heißt Fotosynthese. Weil fast alle Lebewesen Sauerstoff atmen, könnte es ohne Fotosynthese kein Leben auf der Erde geben.

CLEVER!
Solarzellen tun dasselbe wie die Blätter von Pflanzen: Sie verwandeln Sonnenlicht in Energie, die wir für verschiedene Zwecke brauchen.

Pflanzenadern

Wir haben Arterien und Venen, in denen das Blut durch den Körper fließt. Im Inneren von Pflanzen verlaufen ähnliche Gefäße. Man nennt sie Xylem und Phloem.

XYLEM Es transportiert Wasser und Nährstoffe aus dem Boden in die oberirdischen Teile der Pflanze.

PHLOEM Es verteilt die Nährstoffe aus den Blättern in alle übrigen Pflanzenteile.

SAMEN

BLÜTEN

Samen

Die meisten Pflanzen bilden Samen, damit sie überleben und sich ausbreiten können. Wenn Pollen vom männlichen Teil der Blüte auf den weiblichen Teil gelangt, entsteht ein Samen. Wenn der Samen reif ist, fällt er von der Pflanze herunter und landet auf der Erde. Dort keimt er und eine neue Pflanze entsteht. Die grünen Pflanzenteile wachsen zum Licht, die Wurzeln dringen immer tiefer in den Boden ein.

So viele hübsche Blüten für mich!

Wurzeln

Die Wurzeln halten die Pflanze im Boden fest. So kann der Wind sie nicht wegwehen. Mit den Wurzeln nimmt die Pflanze Wasser und Nährstoffe auf. Meistens wachsen Wurzeln in der Erde. Es gibt aber auch Pflanzen, die ohne Erde wachsen, zum Beispiel auf Bäumen oder Mauern. Die Wurzeln einer Pflanze sind ungefähr so groß wie der Teil, den du über der Erde sehen kannst.

Blüten

Die meisten Pflanzen tragen Blüten, damit sie Samen bilden können. Blüten sehen hübsch aus und manche duften. Sie sind aber eigentlich nicht zu unserem Vergnügen da. Mit ihren Farben und Düften locken Pflanzen Insekten und andere Tiere an, die den Pollen von einer Blüte zur anderen bringen. Diese Tiere nennt man Bestäuber.

WURZELN

Was brauchen Pflanzen?

Pflanzen sind Lebewesen, genau wie wir Menschen. Sie müssen atmen, essen und trinken – aber das tun sie anders als wir. Pflanzen können nicht auf Nahrungssuche gehen. Daher haben sie gelernt, das zu nutzen, was sie an ihrem Platz vorfinden.

Nahrung

Pflanzen stellen Zucker her, von dem sie sich ernähren. Dafür brauchen sie:

KOHLENSTOFF aus Kohlenstoffdioxid in der Luft. Sie nehmen es durch Löcher in den Blättern auf.

WASSERSTOFF aus dem Wasser, das sie durch ihre Wurzeln aufnehmen.

SAUERSTOFF aus der Luft und dem Wasser im Boden.

ENERGIE AUS SONNENLICHT wird gebraucht, um Kohlenstoff, Wasserstoff und Sauerstoff in Zucker (Glukose) zu verwandeln.

O_2

H_2O

$C_6H_{12}O_6$

CO_2

CLEVER!
Pflanzen können durch ihre Wurzeln und Blätter Sauerstoff aufnehmen und abgeben. Ein guter, lockerer Boden hilft ihnen dabei.

$$6\,CO_2 + 6\,H_2O \quad\approx\quad C_6H_{12}O_6 + 6\,O_2$$

Kohlenstoffdioxid + Wasser (mithilfe von Licht) = Glukose + Sauerstoff

Nährstoffe

Du weißt nun, dass Pflanzen Sauerstoff, Wasserstoff und Kohlenstoff für die Fotosynthese brauchen. Aber damit sie kräftig und gesund wachsen, sind noch andere Nährstoffe nötig. Das Periodensystem ist eine Tabelle mit allen chemischen Elementen, die heute bekannt sind. Jedes Element ist durch eine Zahl und durch Buchstaben gekennzeichnet. Hier findest du eine kleinere Tabelle für Gärtner. Damit deine Pflanzen alle wichtigen Nährstoffe bekommen, kannst du Kompost verteilen (S. 14–15) oder ihnen flüssigen Dünger geben (S. 17).

Ob die wohl lecker schmecken?

N 7 STICKSTOFF	**P** 15 PHOSPHOR	**K** 19 KALIUM
Mg 12 MAGNESIUM	**S** 16 SCHWEFEL	**Ca** 20 KALZIUM
B 5 BOR	**Cl** 17 CHLOR	**Mn** 25 MANGAN	**Fe** 26 EISEN
Ni 28 NICKEL	**Cu** 29 KUPFER	**Zn** 30 ZINK	**Mo** 42 MOLYBDÄN

STICKSTOFF, PHOSPHOR & KALIUM
Davon brauchen Pflanzen viel, um sich gut zu entwickeln. Wenn diese Stoffe fehlen, wachsen Pflanzen einfach nicht.

MAGNESIUM, SCHWEFEL & KALZIUM
Davon brauchen Pflanzen weniger. Wichtig für das Wachstum sind sie trotzdem. Magnesium wird für die Fotosynthese gebraucht.

SPURENELEMENTE Davon brauchen Pflanzen nur kleine Mengen. Zink und Bor sind wichtig für die Samenbildung, Kupfer für die Fotosynthese.

Was fehlt meiner Pflanze?

Manche Gärtner untersuchen den Boden, um herauszufinden, ob er alle wichtigen Nährstoffe enthält. Oder du wirst zum Pflanzendetektiv und suchst nach Hinweisen, die deine Pflanzen dir liefern. Allerdings solltest du junge von älteren Blättern unterscheiden können. Ältere Blätter sind größer, härter und stehen näher am Boden. Junge Blätter sind zart und klein und erscheinen an der Spitze der Pflanze oder ihrer Triebe.

Wenn du eins von diesen sechs Warnzeichen siehst, fehlen der Pflanze Nährstoffe. Dann braucht sie flüssigen Dünger (S. 17).

BOR Junge Blätter welken, vertrocknen und sterben ab.

SCHWEFEL Junge Blätter werden hellgrün oder gelb.

MAGNESIUM Ältere Blätter werden gelb, aber die Adern bleiben grün.

STICKSTOFF Ältere Blätter werden gelb oder hellgrün.

PHOSPHOR Ältere Blätter werden rötlich oder violett.

KALIUM Die Ränder älterer Blätter werden braun und trocken.

CLEVER!
Manche Pflanzen haben von Natur aus rote oder gelbe Blätter und alle ändern im Herbst ihre Farbe. Lerne die normalen Blattfarben kennen. Dann weißt du, wann du ein Warnzeichen vor dir hast.

Atmen

Pflanzen haben in ihren Blättern kleine Löcher, die Stomata. Durch sie gelangen Sauerstoff und Kohlenstoffdioxid hinein und heraus. Kohlenstoffdioxid brauchen Pflanzen für die Fotosynthese. Dieses Gas nehmen sie tagsüber auf und geben Sauerstoff an die Luft ab. Pflanzen brauchen aber auch Sauerstoff zum Überleben. Den nehmen sie nachts auf und schleusen Kohlenstoffdioxid durch die Stomata nach draußen.

Trinken

Die meisten Pflanzen nehmen Wasser durch ihre Wurzeln auf. Manche bilden sehr lange Wurzeln, um tief im Boden Wasser zu finden. Kakteen und einige andere Pflanzen können Wasser speichern und daher lange Zeit ohne Regen auskommen. Fast alle Pflanzen können eine Weile ohne Wasser überleben, ganz junge Keimlinge überstehen aber nur einige Tage Trockenheit.

Zuhause

Die meisten Pflanzen haben Wurzeln, die in der Erde wachsen. Die Wurzeln halten die Pflanzen fest und nehmen Nährstoffe auf, damit die Pflanze wachsen kann. Pflanzen arbeiten oft mit Pilzen oder anderen Lebewesen im Boden zusammen. Die Bodenlebewesen liefern Nährstoffe, die wichtig für die Pflanze sind. Im Gegenzug bekommen sie von der Pflanze Sauerstoff. Etwa die Hälfte der Nährstoffe, die eine Pflanze herstellt, gibt sie durch ihre Wurzeln an die Bodenlebewesen weiter.

Hmm, leckerer Salat!

Die Jahreszeiten

In den meisten Teilen der Erde verändern sich das Wetter und die Länge der Tage im Lauf des Jahres. Das liegt daran, dass die Achse, um die sich die Erde dreht, schräg steht. Dadurch erhält immer die eine Erdhalbkugel intensivere Sonnenstrahlung als die andere. Darauf haben Pflanzen sich eingestellt. Und was bedeutet das für uns und unseren Garten?

Was wächst wo?

Die Jahreszeiten sind in verschiedenen Gebieten der Erde ganz unterschiedlich. Am Äquator verändert sich das Wetter im Lauf des Jahres kaum – es ist immer warm. Am Nord- und Südpol wird es im Winter tagsüber fast gar nicht hell, im Sommer wird es kaum dunkel. Das ganze Jahr über ist es dort kalt. Nur wer die Jahreszeiten an seinem Wohnort kennt, kann die passenden Pflanzen für den Garten aussuchen und ihnen die beste Pflege geben.

Wie überstehen Pflanzen Kälte?

Um im Winter nicht zu erfrieren, legen viele Pflanzen eine Ruhezeit ein. Dafür haben sie verschiedene Methoden entwickelt.

STAUDEN wie Spargel oder Rhabarber lassen ihre oberirdischen Teile absterben und überwintern unter der Erde. Wenn der Boden im Frühling warm wird, bilden sie neue Blätter.

EINJÄHRIGE wie Kopfsalat und Gurken sterben jedes Jahr im Winter ganz ab, bilden aber vorher Samen. Die Samen überleben im Boden und im nächsten Frühling entstehen aus ihnen neue Pflanzen.

BÄUME UND STRÄUCHER speichern im Herbst Nährstoffe in den Wurzeln, um im Winter zu überleben. Die Blätter werfen sie ab. Ihren kahlen Ästen machen Frost und Wind nicht viel aus.

Welche Jahreszeit haben wir?

Viele Pflanzen erkennen, wie lang die Tage sind. So merken sie, wann sie in die Winterruhe gehen oder Blüten bilden müssen. Das ist wichtig, denn manchmal gibt es im Frühling schon warme Tage. Würde eine Pflanze, die normalerweise im Sommer blüht, jetzt ihre Blüten öffnen, wäre das zu früh: Die bestäubenden Insekten fliegen noch nicht, und wenn es plötzlich wieder kalt wird, sterben die Blüten ab. Weil die Pflanze aber trotz der Wärme erkennt, dass die Tage noch kurz sind, wartet sie bis zur richtigen Zeit, bevor sie ihre Blüten öffnet.

Temperatur

Nicht alle Pflanzen vertragen Kälte. Darum muss ein Gärtner wissen, bei welchen Temperaturen seine Pflanzen gedeihen. Auch Samen brauchen die richtige Temperatur, um zu keimen. Für Paprikasamen sollte es nicht viel kälter als 20°C sein, für Kopfsalat andererseits nicht viel wärmer. Kohl ist an kälteres Klima gewöhnt. Die Samen der meisten Kohlarten keimen schon bei 4°C.

ZZZZZZZZZ

RHABARBER in Winterruhe

Ruhe, ich möchte schlafen!

SAMEN in Winterruhe

Der Boden

Der Boden ist die Grundlage für alles Leben im Garten. Er besteht aus zerkleinertem Gestein, organischer Substanz (lebenden und toten Pflanzen und Tieren), Luft und Wasser. Die Zusammensetzung des Bodens ist von Ort zu Ort verschieden. Damit deine Pflanzen gut gedeihen und du ernten kannst, musst du den Boden in deinem Garten pflegen.

Das schadet dem Boden

• Für nassen Boden ist es schlecht, wenn du ihn umgräbst oder ihn betrittst.

• Nicht zu tief umgraben, sonst gelangen Tiere, die an der Oberfläche leben, in die Tiefe und sterben. Andere, die in der Tiefe leben, fühlen sich an der Oberfläche nicht wohl.

• Kahler Boden, auf dem nichts wächst, kann durch Regen fortgeschwemmt und durch Wind weggeweht werden.

• Unkrautvernichter und Chemikalien gegen Insekten oder Pilze schaden den nützlichen Lebewesen im Boden. Nimm nur natürliche Mittel, damit dein Boden gesund bleibt.

Das tut dem Boden gut

• Verteile organische Substanz in Form von Kompost auf dem Boden. Dadurch können leichte Böden Nährstoffe und Wasser besser speichern. Schwere Böden werden locker und lassen überflüssiges Wasser abfließen.

• Säe Gründünger wie Klee oder Senf auf Flächen, auf denen kein Gemüse wächst. Das ist wichtig, damit der Boden nicht kahl bleibt.

• Am besten nicht umgraben. Es genügt, vor dem Säen die Erdoberfläche etwas aufzulockern. Wenn du Kompost verteilst, sorgen Würmer dafür, dass er auch in die tieferen Schichten des Bodens gelangt.

Den Boden kennenlernen

Der Bodentyp hängt davon ab, wie groß die einzelnen Partikel sind. Guter Gartenboden enthält Ton-, Schluff- und Sandteilchen in einem ausgewogenen Verhältnis. So kannst du deinen Boden untersuchen:

1. Fülle ein Schraubdeckelglas zur Hälfte mit Boden. Gieße bis zum Rand Wasser dazu und schraube den Deckel auf das Glas.

2. Schüttle das Glas einige Minuten kräftig durch. Dann lässt du es 24 Stunden ruhig stehen.

3. Die großen Sandteilchen sinken zuerst, danach der Schluff und zuletzt die winzigen Tonteilchen. Miss nach, wie dick die Schichten sind. Dann weißt du, ob dein Boden eher sandig, tonig oder eher schluffig ist.

CLEVER!

Mit einem pH-Test kannst du feststellen, ob dein Boden basisch oder sauer ist. Für die meisten Pflanzen ist ein pH-Wert von 6–7 richtig. Einige Pflanzen wie Heidelbeeren brauchen aber sauren Boden mit einem pH-Wert von 4–5,5.

SANDIGER BODEN

0–10% TON
0–15% SCHLUFF
90–100% SAND

SCHLUFFIGER BODEN

7–27% TON
28–50% SCHLUFF
23–52% SAND

TONIGER BODEN

40–100% TON
0–40% SCHLUFF
0–45% SAND

Kompost-Zauberei

Der Boden und seine winzigen Bewohner brauchen Nahrung, um gesund zu bleiben. In der Natur bleiben Reste von Pflanzen und Tieren auf der Erde liegen und verbessern mit der Zeit den Boden. Deinen Gartenboden musst du selbst mit organischer Substanz versorgen.

Wie entsteht Kompost?

Im Kompost passieren spannende Dinge. Viele winzige Lebewesen zerkleinern bei verschiedenen Temperaturen größere Pflanzenreste zu immer kleineren Teilchen. Am Ende entsteht eine etwas klebrige, krümelige, dunkelbraune Masse, die nach Waldboden duftet. Man nennt sie Humus.

Kompost selber machen

Für selbst gemachten Kompost brauchst du Abfälle von Pflanzen – sonst nichts. Komposter kann man kaufen oder selbst aus Holz oder alten Paletten bauen. Ein Komposter sieht ordentlicher aus, es geht aber auch ohne. Schichte deine Pflanzenreste einfach zu einem Komposthaufen auf. Decke ihn mit einer Plane ab, damit er trocken bleibt.

Lieblingsplatz: oben auf dem Kompost

Humus hat nichts mit Hummus zu tun!

CLEVER!
Obst- und Gemüseabfälle, Kaffeesatz, Teebeutel und sogar Haare von Menschen und Tieren kann man kompostieren. Fleisch, Brot und gekochte Essensreste gehören nicht auf den Kompost.

RICHTIG

Grün & braun

Für guten Kompost brauchst du eine Mischung aus diesen Zutaten:
Grünes Material wie Küchenabfälle und Rasenschnitt ist feucht und enthält viel Stickstoff.
Braunes Material wie Stroh, zerkleinerte Äste oder Pappe ist trockener und enthält mehr Kohlenstoff. Mische ungefähr ein Teil grünes Material mit drei Teilen braunem.

Schichte grünes und braunes Material gleichmäßig verteilt auf deinen Haufen. Wende alle paar Wochen deinen Kompost, damit Luft zwischen die Pflanzenreste kommt. Dadurch verrotten sie schneller, und der Kompost wird nicht zu warm. Die Bakterien, die deine Pflanzenreste zersetzen, mögen es lieber kühl.

Nicht zu nass, nicht zu trocken

Wenn der Kompost zu nass oder zu trocken ist, stimmt die Mischung vielleicht nicht.
• Ist der Kompost zu nass, riecht er unangenehm. Grabe ihn um und mische dabei mehr braunes Material unter.
• Ist der Kompost zu trocken, gib sehr feuchte Gemüse- und Obstabfälle dazu oder begieße ihn mit etwas Wasser.

Nicht perfekt ist gut genug!

Selbst wenn dein fertiger Kompost nicht perfekt aussieht, enthält er viel organische Substanz, die deinem Boden guttut. Lass ihn ungefähr ein Jahr ruhen, bevor du ihn auf dem Boden verteilst. Danach kannst du Kartoffeln, Kohl oder anderes Gemüse pflanzen, das besonders viele Nährstoffe braucht.

Wo ist mein Salat geblieben?

FALSCH

Spross, Wurzel oder Frucht?

Von dem Gemüse, das wir anbauen, schmeckt nicht jeder Pflanzenteil. Von manchen Arten essen wir die Wurzeln, von anderen die Früchte, Blüten, Samen, Sprosse oder Blätter. Weißt du, um welche Pflanzenteile es sich bei diesen Gemüsearten handelt?

Folge den Schlangenlinien, um herauszufinden, welche Pflanzenteile du isst.

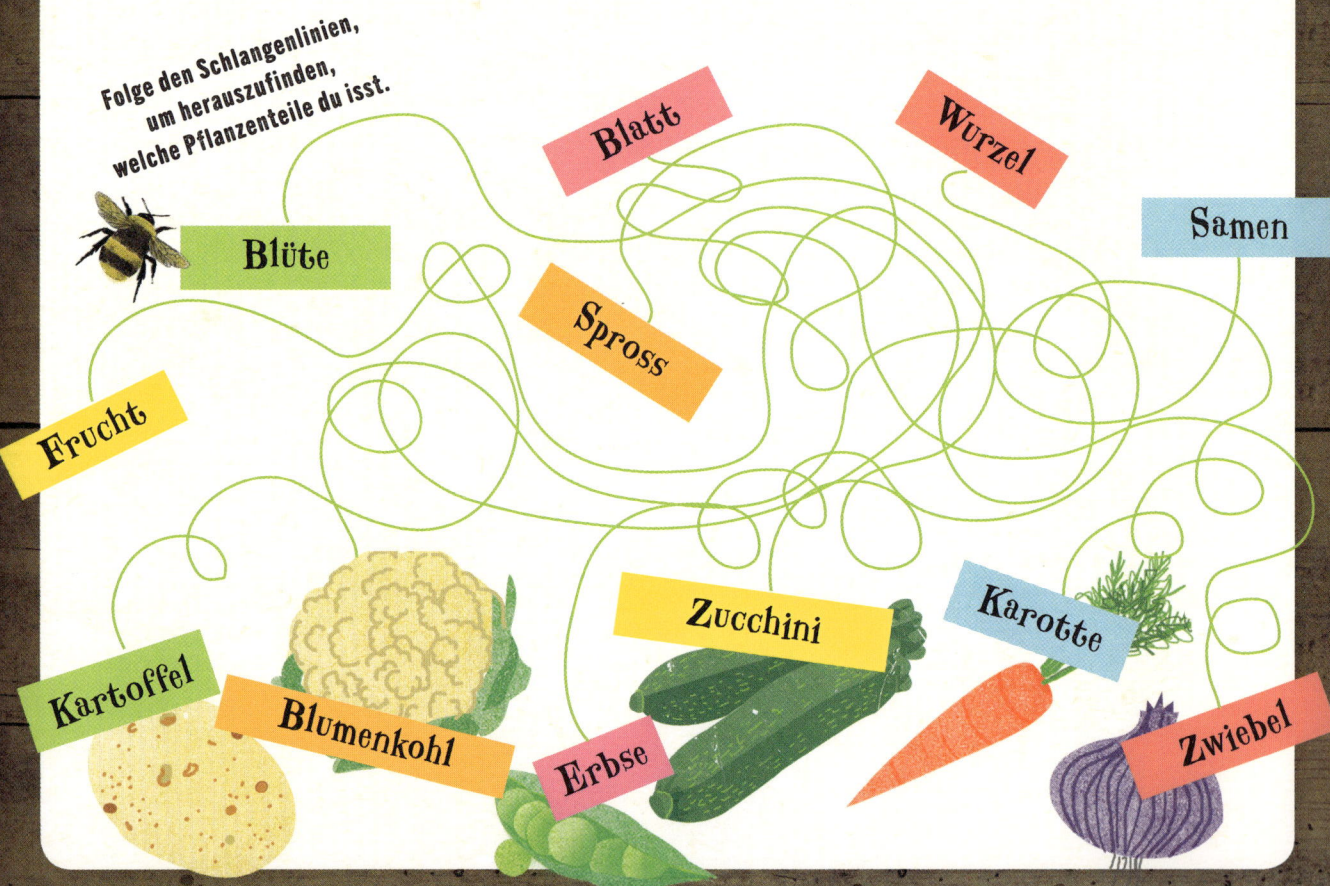

Flüssiger Dünger

Selbst wenn dein Boden gut ist und du viel Kompost hast, brauchen deine Pflanzen manchmal noch mehr Nahrung. Nährstoffe aus flüssigem Dünger können sie gut verwerten. Sprühe ihn auf die Blätter oder gieße ihn auf den Boden, damit die Wurzeln ihn aufnehmen.

Dünger selber machen

Natürlichen Dünger kann man kaufen, aber du kannst ihn auch leicht selbst machen. Perfekt sind Brennnesseln oder Beinwell, denn die Blätter enthalten viele wichtige Mineralien. Am besten ziehst du beim Pflücken Handschuhe an.

1. Du brauchst etwa 1 kg Blätter von Brennnesseln oder Beinwell. Reiße sie in Stücke, damit alle in einen Eimer passen.

2. Gieße Wasser dazu. Es soll 5 cm über den Blättern stehen. Decke den Eimer ab, damit kein Regen hineinfällt (und damit der üble Geruch drinnen bleibt).

3. Lass die Mischung sechs Wochen stehen, dann ist der Dünger fertig.

Wenn du die Mischung auf dem Boden verteilst, nehmen die Wurzeln die Nährstoffe auf. Willst du ihn auf die Pflanzen sprühen, dann gieße ihn vorher durch ein Sieb. Die Pflanzenreste gibst du auf den Kompost.

Igitt! Das stinkt!

Werkzeug

Zum Unkrautjäten und Ernten genügen deine Hände. Für andere Arbeiten brauchst du Werkzeug. Mit der Zeit wirst du selber merken, welches Werkzeug für bestimmte Arbeiten am besten geeignet ist und mit welchem du am liebsten arbeitest. Diese zwölf brauchst du auf jeden Fall.

SPATEN Um Löcher zu graben oder Erde von einem Ort zum anderen zu befördern.

CLEVER! Es ist wichtig, Werkzeug gut zu pflegen und gleich nach der Benutzung sauberzumachen.

HANDSCHAUFEL Um junges Gemüse zu pflanzen oder Unkraut auszugraben.

GRABGABEL Um den Boden zum Säen und Pflanzen vorzubereiten und um Unkraut auszugraben.

HARKE Mit einer Harke ziehst du vor dem Säen den Boden glatt. Mit einem Rechen entfernst du lose Blätter von den Beeten oder vom Rasen.

Vorsicht mit der Harke!

SIEB Um große Klumpen aus dem Kompost zu entfernen.

Sicherheit bei der Arbeit

Es kann gefährlich sein, Werkzeug falsch oder nachlässig zu benutzen. Kleinere Kinder sollten nur unter Aufsicht mit Werkzeug arbeiten. Sie brauchen Harke, Spaten und Grabgabel in Kindergröße. Normales Werkzeug für Erwachsene ist für Kinder unhandlich und sie können damit sich und andere Menschen verletzen. Wichtig ist auch, im Garten immer robustes Schuhwerk zu tragen. Erwachsene und ältere Kinder sollten lernen, Messer, Hacken und Gartenscheren richtig zu schärfen, denn nur scharfe Klingen schneiden sauber und mühelos.

HACKE Prima zum schnellen Jäten.

SCHUBKARRE Um schwere Sachen zu bewegen. Schubkarrenrennen machen riesigen Spaß!

ROSENSCHERE Mit der kräftigen Schere kannst du harte Pflanzenstiele und dünne Zweige schneiden.

GIESSKANNEN Eine große zum Gießen größerer Pflanzen im Beet und eine kleine für Jungpflanzen in Töpfen. Ein Brausevorsatz für die Tülle gehört dazu.

SCHERE ODER TASCHENMESSER Zum Schneiden von Schnur und anderen Dingen.

EIMER Für kleine Dinge, die du im Garten transportieren möchtest.

PFLANZHOLZ Spitzer Stock, mit dem man vor dem Säen Löcher in den Boden sticht.

Was ist Unkraut?

SCHÖN!

Ein Unkraut ist eine Pflanze, die am falschen Platz wächst. Manche Gärtner wollen Unkraut vernichten wie einen schlimmen Feind. Dabei kann auch Unkraut schön aussehen oder nützlich sein.

Unkraut für den Boden

Kahler Boden kann durch Regen, Wind und schwere Stiefel beschädigt werden. Darum säen viele Gärtner vorübergehend Senf, Phacelia (Bienenfreund) oder andere Gründüngerpflanzen auf freie Flächen. Die Pflanzen schützen den Boden. Wenn du sie später untergräbst, geben sie ihre Nährstoffe an den Boden ab. Dasselbe kann auch Unkraut leisten!

Unkraut für Nährstoffe

Löwenzahn, Wegwarte und andere Unkräuter haben Wurzeln, die bis 2 m lang werden. Sie holen Nährstoffe aus der Tiefe des Bodens nach oben. So werden sie auch für andere Pflanzen verfügbar.

Unkraut für Tiere

Insekten und Vögel sind wichtig im Garten, weil sie Pflanzen bestäuben und Schädlinge fressen. Wildpflanzen – im Garten als Unkraut bezeichnet – locken viele dieser Gartenhelfer an, vor allem, wenn du sie blühen lässt.

Viele Unkräuter kann man sogar essen. Giersch oder Löwenzahnblätter schmecken gut und sind gesund.

Unkraut in Schach halten

Obwohl manche Unkräuter nützlich sind, möchte man sie nicht überall haben. So rückst du ihnen zu Leibe:

Mehrjährige Unkräuter wie Ackerwinde, Löwenzahn oder Disteln bilden lange Wurzeln, die du ausgraben musst. Am besten mehrmals, denn die Pflanzen wachsen immer wieder nach. Erst nach einer Weile geben sie auf. Freie Flächen kannst du sechs Monate oder länger mit dicker Pappe oder Mulchfolie abdecken. Dann bekommt das Unkraut kein Licht und stirbt ab. Was übrig bleibt, lässt sich leicht auszupfen.

Einjährige Unkräuter wie Vogelmiere keimen besonders schnell auf freien Flächen. Am besten beseitigst du die jungen Pflanzen mit der Hacke, sobald du sie siehst. Wartest du zu lange, sind ihre Wurzeln schon größer und lassen sich schlechter entfernen. Und lässt du sie zu groß werden, reißt du beim Auszupfen leicht eine kleine Gemüsepflanze mit aus.

Mmh, leckere Samen zum Picken!

CLEVER!
Löwenzahn ist prima für Tiere. Bienen fressen den Pollen, Käfer verstecken sich unter den Blättern und die Samen schmecken manchen Vögeln gut.

Aussäen

Es ist spannend zu beobachten, wie aus einem Samen eine Pflanze wird. Wenn die Samen frisch sind und du ihnen einen guten Start verschaffst, gelingt das fast immer.

Töpfe oder Beet?

Die meisten Gemüsesamen kannst du direkt ins Beet legen. Du kannst sie auch zuerst in Töpfe säen und die jungen Pflänzchen in den Garten umpflanzen. Gemüse, das viel Wärme braucht, wie Tomaten und Paprika, säst du immer im Haus oder Gewächshaus in Töpfe. Erst wenn es warm genug ist, kommen sie ins Beet. Salate müssen beim Auspflanzen schon etwas größer sein, damit sie sich gegen Unkraut und Schädlinge behaupten können. Karotten und einige andere Gemüsearten säst du besser direkt ins Beet, weil sie das Umpflanzen nicht vertragen.

Danke fürs Umpflanzen!

ZUERST IN TÖPFE ...

DIREKT INS BEET

... SPÄTER INS BEET

Wie warm muss es sein?

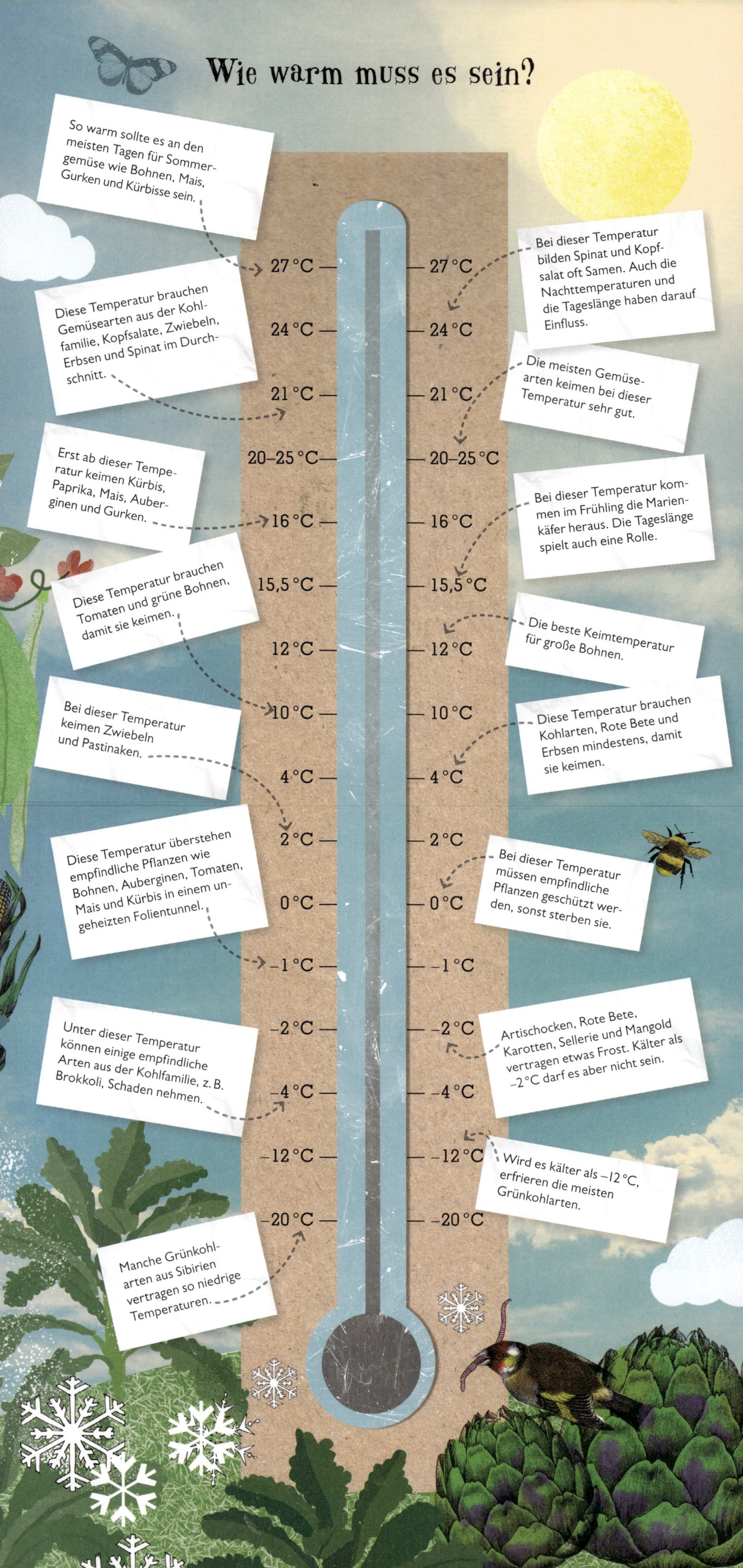

So warm sollte es an den meisten Tagen für Sommergemüse wie Bohnen, Mais, Gurken und Kürbisse sein.

Diese Temperatur brauchen Gemüsearten aus der Kohlfamilie, Kopfsalate, Zwiebeln, Erbsen und Spinat im Durchschnitt.

Erst ab dieser Temperatur keimen Kürbis, Paprika, Mais, Auberginen und Gurken.

Diese Temperatur brauchen Tomaten und grüne Bohnen, damit sie keimen.

Bei dieser Temperatur keimen Zwiebeln und Pastinaken.

Diese Temperatur überstehen empfindliche Pflanzen wie Bohnen, Auberginen, Tomaten, Mais und Kürbis in einem ungeheizten Folientunnel.

Unter dieser Temperatur können einige empfindliche Arten aus der Kohlfamilie, z. B. Brokkoli, Schaden nehmen.

Manche Grünkohlarten aus Sibirien vertragen so niedrige Temperaturen.

27 °C
24 °C
21 °C
20–25 °C
16 °C
15,5 °C
12 °C
10 °C
4 °C
2 °C
0 °C
–1 °C
–2 °C
–4 °C
–12 °C
–20 °C

Bei dieser Temperatur bilden Spinat und Kopfsalat oft Samen. Auch die Nachttemperaturen und die Tageslänge haben darauf Einfluss.

Die meisten Gemüsearten keimen bei dieser Temperatur sehr gut.

Bei dieser Temperatur kommen im Frühling die Marienkäfer heraus. Die Tageslänge spielt auch eine Rolle.

Die beste Keimtemperatur für große Bohnen.

Diese Temperatur brauchen Kohlarten, Rote Bete und Erbsen mindestens, damit sie keimen.

Bei dieser Temperatur müssen empfindliche Pflanzen geschützt werden, sonst sterben sie.

Artischocken, Rote Bete, Karotten, Sellerie und Mangold vertragen etwas Frost. Kälter als –2 °C darf es aber nicht sein.

Wird es kälter als –12 °C, erfrieren die meisten Grünkohlarten.

Direkt in die Erde säen

1. Harke das Beet, damit die Erde fein und krümelig ist. Junge, zarte Pflanzen, die aus den Samen wachsen, können dicke Erdklumpen nicht durchdringen oder werden von ihnen erstickt.

2. Ziehe mit einem Stock oder Harkenstiel eine flache Rille in den Boden. Sie muss nicht tief sein. Die Samen werden normalerweise nur so tief in die Erde gelegt, wie sie selbst dick sind.

3. Wenn der Boden trocken ist, begieße die leere Rille. Nicht nach dem Säen gießen, sonst werden die Samen vom Wasser weggeschwemmt.

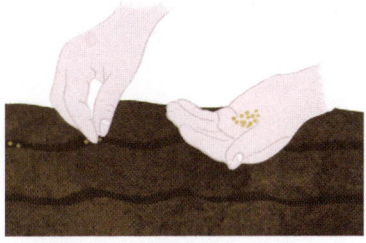

4. Lege nun die Samen in die Rille. Wie groß die Abstände sein müssen, hängt von der Pflanzenart ab. Informationen dazu findest du zum Beispiel auf der Samentüte.

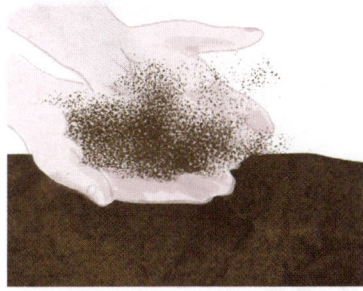

5. Bedecke die Samen mit einer dünnen Schicht feiner Erde. Wenn deine Gartenerde schwer und klebrig ist, nimm gekaufte Blumenerde, damit die jungen Pflänzchen leicht ans Licht wachsen können.

6. Schreibe Pflanzenart und das Datum auf Schilder. Stecke sie an den Anfang jeder Reihe. Nimm dafür einen wasserfesten Stift.

In Töpfe und Schalen säen

Eigentlich funktioniert es genau wie im Beet. Fülle die Töpfe aber mit Anzuchterde aus dem Gartencenter.

CLEVER!
Zum Säen eignet sich Anzuchterde besser als normale Blumenerde, die man auch Universalsubstrat nennt.

1. Fülle einen Topf oder eine Schale mit Erde und drücke sie vorsichtig an, zum Beispiel mit dem Boden eines anderen Topfs.

2. Wenn die Erde trocken ist, begieße sie mit etwas Wasser. Nimm dafür eine Gießkanne mit Brauseaufsatz.

3. Streue deine Samen auf die Erde.

4. Bedecke die Samen mit einer dünnen Schicht Erde.

5. Stecke in jeden Topf ein Schild mit Pflanzenart und Datum.

Sei beim Gießen vorsichtig. Die Erde soll feucht sein, aber nicht nass. Du kannst die Töpfe mit einem durchsichtigen Plastikbeutel oder mit Frischhaltefolie abdecken. Nimm die Abdeckung aber ab, sobald sich kleine Blätter zeigen. Sonst wird die Luft unter der Folie zu feucht und die Pflanzen werden krank.

Sämlinge abhärten

Wenn du kleine Pflanzen in Schalen oder Töpfen im Haus gezogen hast, darfst du es mit dem Umpflanzen nicht zu eilig haben. Die Pflanzenbabys sind empfindlich. Sie sind bei Wärme und Trockenheit herangewachsen und kennen noch keinen Wind. Das gilt sogar für robusten Kohl, wenn du ihn im Haus gesät hast. Gewöhne die Pflanzen lieber langsam an die Witterung im Freien.

Am besten stellst du sie zwei Wochen lang nur tagsüber ins Freie – anfangs nur für eine Stunde, dann allmählich immer länger. Gib ihnen in dieser Zeit etwas weniger Wasser. Die Nacht verbringen sie im Haus. Wenn du ein ungeheiztes Gewächshaus hast, kannst du die Pflanzen auch dorthin stellen und über Nacht dort lassen. Nach zwei Wochen sind die Pflanzen abgehärtet. Gut geeignet zum Abhärten ist ein kaltes Frühbeet wie oben im Bild. Stelle die Pflanzen hinein, öffne den Deckel am Tag und schließe ihn am Abend.

Wenn du mit dem Pflanzen gar nicht warten kannst, schneide von klaren Plastikflaschen den Boden ab und stülpe sie über Nacht über deine jungen Pflanzen. Tagsüber nimmst du die Flaschen ab. Wenn die Sonne scheint, wird es darunter schnell zu heiß.

Umpflanzen

Wenn deine Pflänzchen wachsen, brauchen sie mehr Platz. Sie müssen in größere Töpfe umziehen oder können ins Beet gesetzt werden. Sei vorsichtig, denn sie sind empfindlich!

Pikieren

Bei dieser Methode ziehst du die Pflänzchen aus der Erde und verpflanzt sie. Schiebe ein stumpfes Messer oder eine kleine Schaufel (je nach Größe der Pflanze) unter die Wurzel und hebe die Pflanze vorsichtig an. Halte sie an einem Blatt fest und ziehe sie heraus. Nicht am Stiel anfassen, er ist zu empfindlich. Stich am neuen Platz ein Loch in die Erde.

Es muss groß genug für die Wurzeln der jungen Pflanze sein. Setze die Pflanze hinein und schiebe die Erde vorsichtig an die Wurzeln heran.

Pflanze nur die gesündesten, kräftigsten Sämlinge um. Setze auch einige in größere Töpfe. Dann hast du eine Reserve, falls einige der Pflanzen im Beet sterben oder gefressen werden.

Ich bin der Größte!

1.

2.

3.

Umtopfen

Manchmal brauchen Sämlinge einen größeren Topf, bevor sie ins Beet umziehen dürfen. Das kann passieren, wenn das Wetter zu schlecht ist. Dabei gehst du ebenso vor wie beim Pikieren, nur dass du die Pflanzen nicht ins Beet, sondern in ausreichend große Töpfe mit Blumenerde setzt. Darin wachsen sie weiter, bis das Wetter so gut ist, dass die Pflanzen ins Beet können.

Umpflanzen aus Modulen

Pflanzen aus solchen Mini-Töpfen lassen sich ganz leicht umpflanzen. Drücke einfach die Wurzeln mitsamt der Erde aus den Modulen und pflanze sie in die Erde.

Normalerweise legt man in jedes Abteil ein Samenkorn. Von einigen Gemüsearten, etwa Rote Bete oder Frühlingszwiebeln, dürfen es auch mehrere Samen sein. Wenn mehrere Pflänzchen erscheinen, knipse die schwächsten ab und lass nur das stärkste stehen. Den Wurzelballen dabei nicht berühren.

Ich mag nicht nass werden!

CLEVER!
Begieße die frisch umgepflanzten Sämlinge vorsichtig. Das ist wichtig, damit Erde zu den Wurzeln geschwemmt wird. Du kannst auch etwas Flüssigdünger (S. 17) ins Wasser geben.

Ernten

Besonders im Sommer kannst du natürlich direkt von den Pflanzen naschen. Doch gerade wenn du viel Obst und Gemüse hast, wirst du es regelmäßig ernten und im Haus verarbeiten. Mit Wintergemüse geht das sogar im Winter! Mithilfe dieser Tipps kannst du das ganze Jahr über ernten.

Frühling & Sommer

• Wenn du nicht direkt vor dem Kochen ernten kannst, pflücke früh am Morgen. Gemüse nimmt nachts Wasser auf, weil es dann kühler und feuchter ist. Darum ist es morgens besonders knackig und bleibt nach dem Pflücken länger frisch.

• Gemüse mag keine Hitze. Je schneller du es nach der Ernte in den Kühlschrank oder einen kühlen Raum bringst, desto länger hält es sich.

• Wie groß soll dein Gemüse werden? Magst du ganz junge Bohnen und winzige Rüben? Oder lieber dicke Auberginen und riesige Kürbisse? Pflanzen wachsen im Sommer schnell. Da ist es wichtig, regelmäßig zu ernten.

CLEVER!
Lass frisch geerntetes Obst und Gemüse niemals lange in der Sonne liegen.

Puh, viel zu heiß hier!

Herbst & Winter

• Wie kalt wird es im Winter in deinem Garten? Winterhartes Gemüse kommt mit Kälte gut zurecht. Wenn es bei euch im Winter nicht kälter als 5 °C wird, solltest du Wurzelgemüse ausgraben. Sonst wird es von Schnecken gefressen oder beginnt bei Nässe zu faulen. Wenn die Temperatur unter –9 °C fällt, schütze das Gemüse mit Stroh oder Gartenvlies.

• Lauch und anderes Blattgemüse bleibt am besten bis zur Ernte im Beet. Aber Vorsicht, im Winter finden die Vögel wenig Futter und machen sich auch über das Gemüse her.

Decke das Gemüse mit Vlies oder Netzen ab, damit die Vögel nicht vor dir ernten. Wenn viel Schnee fällt, solltest du das Vlies oder Netz abnehmen, sonst wird das Gemüse darunter durch das Gewicht des Schnees womöglich zerdrückt.

• Karotten und Pastinaken bilden in den Wurzeln Zucker, die wie ein Frostschutzmittel wirken. Decke sie im Winter mit einer dicken Schicht Stroh ab. So lassen sie sich bei Frost leichter ausgraben. Du kannst sie auch früher ausgraben, in eine Kiste mit Erde oder Sand legen und in einen Schuppen oder eine kalte Garage stellen.

Brrr, ich habe kalte Füße.

Gartenplanung

Du weißt nun schon viel über das Säen und Pflanzen. Aber du solltest dein Gemüse nicht bunt durcheinander ins Beet pflanzen. Erfahre hier, welche Gemüsesorten gut zusammenpassen und wohin du sie am besten pflanzt.

Was ist eine Fruchtfolge?

Gärtner pflanzen ihr Gemüse jedes Jahr an einen anderen Platz. Dabei beachten sie eine bestimmte Reihenfolge, die Fruchtfolge. Sie setzen zum Beispiel in ein Beet Bohnen und im folgenden Jahr Kartoffeln. Durch den Wechsel treten weniger Krankheiten und Schädlinge auf. Manche Pflanzen unterdrücken Unkraut. Wenn sie jedes Jahr auf einer anderen Fläche wachsen, hindern sie das Unkraut daran, sich auszubreiten. Außerdem brauchen verschiedene Pflanzen unterschiedliche Nährstoffe. Die Fruchtfolge hilft, Nährstoffmangel zu vermeiden.

Pflanzenfamilien

Am einfachsten ist es, Pflanzen derselben Familie zusammenzupflanzen. Kohl, Blumenkohl und Radieschen gehören zur gleichen Familie, den Kreuzblütlern. Zwiebeln, Porree und Knoblauch gehören zur Familie der Lauchgewächse. Wenn du deinen Garten in vier Beete teilst und Jahr für Jahr auf jede Fläche eine andere Gemüsefamilie pflanzt, hast du eine einfache Fruchtfolge.

Was soll ich pflanzen?

Auf den nächsten Seiten findest du Vorschläge. Am wichtigsten ist aber, was du gern isst. Überlege auch, was am besten ganz frisch schmeckt oder im Laden schwer zu bekommen ist. Blattgemüse wie Salat und Spinat wächst schnell: prima zum Üben! Von Kartoffeln oder Tomaten kannst du Sorten pflanzen, die es in keinem Geschäft gibt. Wenn du viel Platz hast, kannst du auch auf ein Beet Gründünger (S. 20) säen. Man kann ihn nicht essen. Er wird am Ende der Saison untergegraben und versorgt den Boden mit neuen Nährstoffen.

Gemüse: die Top 10

Es gibt so viele Gemüsearten, dass für jeden etwas dabei ist. Hier stellen wir zehn Arten vor, die lecker und zugleich pflegeleicht sind. Sei nicht enttäuscht, wenn sie beim ersten Mal nicht ganz perfekt wachsen. Versuche es einfach noch einmal. Oder du probierst andere Arten, die dir gut schmecken.

1. Karotten

Karotten werden direkt ins Beet gesät. Wenn sie größer werden, brauchen sie Abstände von etwa 5 cm. Weil aber nicht alle Samen keimen, kannst du sie dichter säen und später einige Pflänzchen auszupfen.

Schau dir die jungen Karottenpflanzen gut an, damit du sie erkennst (Foto rechts). Sonst zupfst du beim Unkrautjäten aus Versehen kleine Gemüsepflanzen mit aus. Gieße deine Karotten bei trockenem Wetter.

Um nachzusehen, ob du die Karotten schon essen kannst, ziehe einfach eine heraus oder lockere die Erde und schau, wie dick das obere Ende ist. Junge Karotten schmecken süß, sind aber klein. Du brauchst also mehr, um satt zu werden.

2.

3. Kartoffeln

Kartoffeln legst du am besten an einen hellen, warmen Platz, bis sich kleine Keime zeigen. Erst dann steckst du sie 15 cm tief in die Erde. Wenn die Blätter größer werden, schiebst du Erde an die Stängel heran, sodass ein kleiner Berg entsteht. Das nennt man Anhäufeln. Kartoffeln brauchen viel Wasser, damit die Knollen schön groß werden. Wenn die Pflanzen Blüten bilden oder die Blätter welk werden, kannst du deine Kartoffeln ausgraben.

2. Rote Bete

Rote Beten haben knallrote Stiele und dunkelrote Knollen (und sie färben deine Hände rot!). Lege die Samenkapseln, die drei oder vier Samenkörner enthalten, direkt in die Erde. Lass dazwischen jeweils etwa 10 cm Abstand. Du kannst Rote Bete in jeder Größe essen, aber junge, kleine Knollen sind besonders zart. Ältere Knollen können hart oder faserig werden. Die Blätter junger Knollen kann man wie Spinat zubereiten.

3.

4. Kürbis

Kürbisse schmecken gut und man kann daraus Laternen schnitzen. Die Samen keimen bei etwa 15–21 °C, darum solltest du sie im Haus in einen Blumentopf säen. Wenn kein Frost mehr kommt, dürfen sie in den Garten umziehen. Verteile Kompost um die Pflanzen herum und gib ihnen viel Wasser. Aber wann ist ein Kürbis reif? Drücke einen Fingernagel leicht in die Schale. Wenn er eine Delle hinterlässt, muss der Kürbis noch ein Weilchen im Beet bleiben.

4.

KÜRBIS

5.

5. Erbsen

Erbsen sind wirklich anspruchslos und keimen auch bei kühlen Temperaturen. Am besten schmecken sie direkt von der Pflanze. Mäuse und andere Tiere fressen die Samen gern, darum ist es schlau, Erbsen zuerst im Haus in Schalen zu säen und später ins Beet zu pflanzen. Lass etwa 7,5 cm Abstand. Wenn du direkt ins Beet säst, bedecke die Samen mit 5 cm Erde. Stecke Zweige in die Erde, an denen die Pflanzen hochklettern können. Auf der Samentüte steht, wie groß die Pflanzen werden. Die meisten werden etwa 1 m hoch, aber einige Sorten wachsen 1,5 m oder mehr in die Höhe.

6.

6. Tomaten

Tomaten brauchen Zeit, bis die Früchte reifen. Auf manchen Tüten ist diese Zeit in Tagen angegeben. Wenn du in einer kühlen Gegend wohnst, wähle eine Sorte, deren Früchte in möglichst kurzer Zeit reifen.

Säe sie im zeitigen Frühling. Vielleicht musst du sie in größere Töpfe setzen, bevor sie ins Gewächshaus oder Beet umziehen dürfen – nämlich erst, wenn kein Frost mehr droht. Lass zwischen den Pflanzen 60 cm Platz. Strauchtomaten kannst du einfach wachsen lassen. Rispentomaten solltest du an Stäbe anbinden. Knipse Seitentriebe ab, damit die Pflanzen nicht zu viele Blüten bekommen.

Ausgeizen

Die meisten Tomatensorten bilden viele Seitentriebe, wenn sie einfach wachsen dürfen. Dann brauchen sie im Gewächshaus zu viel Platz und das Ernten wird schwierig. Außerdem braucht die Pflanze für die vielen Triebe viel Kraft. Seitentriebe erscheinen an den Blattansätzen. Knipse sie regelmäßig ab – das nennt man Ausgeizen. Dann benutzt die Pflanze ihre Kraft dafür, viele leckere Früchte zu bilden.

SEITENTRIEBE

CLEVER!
Wir nennen Tomaten Gemüse, aber eigentlich sind es Früchte.

7. Bohnen

Es gibt viele verschiedene Bohnen: große Bohnen, niedrige Buschbohnen und kletternde Sorten. Besonders viel Spaß machen die Kletterbohnen. Sie vertragen keinen Frost, darum säst du sie im Frühling am besten im Haus und pflanzt sie später ins Freie. Du kannst sie auch Mitte Mai direkt ins Beet säen. Lege die Samen 5 cm tief in zwei Reihen. Lass zwischen den Reihen 45 cm Abstand und zwischen den Pflanzen 20–25 cm. Gieße sie am besten jeden Tag. Zum Klettern brauchen sie 2 m lange Stangen oder Schnüre. Binde junge Pflanzen an, um ihnen den Weg nach oben zu zeigen.

8. Mais

Dieses Gemüse braucht viel Platz. Du kannst es im Haus vorziehen und später auspflanzen oder Mitte Mai direkt ins Beet säen. Lass zwischen den Pflanzen 45 cm Abstand. Lege in jedes Loch zwei Samenkörner und zupfe später die schwächere Pflanze aus. Wenn du die Pflanzen im Viereck anordnest (statt in einer Reihe), bilden sie mehr Maiskolben.

Bei trockenem Wetter gießen. Wenn die Haarschöpfe braun werden, sind die Maiskolben reif.

7.

8.

9. Salat

Salat gibt es in vielen Farben und Formen, und einige Sorten vertragen sogar Frost. Du kannst Salat schon früh im Jahr im Haus in Schalen oder kleine Töpfe säen. Später setzt du die Pflänzchen mit 15–30 cm Abstand (je nach Größe der Köpfe) ins Beet. Du kannst auch dichter säen und die Blätter ernten, solange sie noch ganz klein und zart sind. Bei trockenem, heißem Wetter muss Salat gegossen werden. Sonst bildet er schnell Blüten und die Blätter werden bitter.

10. Grünkohl

Grünkohl ist ein supergesundes Wintergemüse. Man kann ihn wie Spinat kochen oder im Backofen knusprig rösten.

Säe Grünkohl in Schalen und setze die Pflanzen später mit 1 m Abstand ins Beet. Gesät wird erst im späten Frühling oder Frühsommer, damit man im Winter ernten kann. Manche Grünkohlsorten vertragen harten Frost und wachsen sogar noch bei Temperaturen knapp über dem Gefrierpunkt. Lies auf der Samentüte nach, wie kalt es für deine Sorte sein darf.

Ich bin ganz wild auf Salat!

Obst: drei saftige Beeren

Direkt vom Baum oder Strauch schmeckt Obst am allerbesten.
Aber nicht jeder hat genug Platz im Garten, um einen Obstbaum
zu pflanzen. Zum Glück gibt es auch kleinere Obstsorten!

1. Erdbeeren

Erdbeeren schmecken wunderbar. Kleine
Walderdbeeren kann man im Frühling säen.
Sie wachsen sogar auf schlechtem Boden,
auf dem andere Pflanzen nicht gut gedeihen.
Für größere Früchte kaufst du am besten
junge Pflanzen, die du entweder ins Beet
oder in große Töpfe pflanzt. Erdbeeren brauchen nur etwa 10 × 10 cm Platz pro Pflanze,
aber viele Nährstoffe. Mische daher beim
Pflanzen Kompost unter die Erde. Wenn du
eine dicke Schicht Stroh auf der Erde verteilst, bleiben die Früchte bei Regen trocken
und faulen nicht so leicht.

1.

Früchte-Memo

Für zwei Spieler. Sieger ist, wer die meisten Paare findet.

1. Lege die Karten mit der Rückseite nach oben auf den Tisch –
entweder als Raster (das ist einfacher) oder wild durcheinander
(schwieriger).

2. Der jüngste Spieler dreht die erste Karte um. Achtet darauf, die
anderen Karten dabei nicht zu verschieben. Dann dreht derselbe
Spieler noch eine Karte um. Zeigen beide das gleiche Bild, darf er die
Karten behalten. Danach hat er einen weiteren Versuch.

3. Passen die Karten nicht zusammen, legt er sie wieder hin – mit
der Rückseite nach oben. Dann ist der Nächste dran. Merke dir
genau, welches Bild an welcher Stelle liegt, damit du Paare findest.

Früchte-Memo

Apfel	Orange	Pfirsich	Banane	Kirschen	Limette
Himbeere	Ananas	Heidelbeeren	Zitrone	Trauben	Erdbeeren
Mango	Wassermelone	Pflaume	Apfel	Orange	Pfirsich
Banane	Kirschen	Limette	Himbeere	Ananas	Heidelbeeren
Zitrone	Trauben	Erdbeeren	Mango	Wassermelone	Pflaume

2. Himbeeren

Himbeeren brauchen Platz, denn sie werden
1,5–1,8 m hoch und breiten sich aus. Pflanze
sie in Reihen und lass zwischen den Pflanzen 45 cm Abstand. Stecke an jedem Ende
der Reihe einen Pfahl in die Erde. Dazwischen spannst du drei Drähte. Daran bindest
du die Ruten fest, sobald die Pflanzen höher
werden. Du kannst auch zwei Pflanzen an
einer Stange ziehen. Manche Himbeeren
reifen im Sommer, andere im Herbst. Herbst-
himbeeren tragen mehr Früchte.

3.

2.

Der Kuchen
ist für mich!

3. Heidelbeeren

Heidelbeeren gedeihen nur auf saurem
Boden. Kalk vertragen sie nicht. Wenn dein
Gartenboden Kalk enthält, pflanzt du sie besser in Kübel mit saurer Erde (Rhododendron-
erde). Für junge Sträucher genügen große
Blumentöpfe, später sollten die Kübel etwa
60 cm Durchmesser haben. Bei Trockenheit
solltest du die Sträucher gießen. Nimm dafür
Regenwasser, denn Leitungswasser enthält
meistens zu viel Kalk.

Samen entstehen

In jedem Gartencenter kannst du Samen in kleinen Tüten kaufen. Viel spannender ist es aber, Samen von den eigenen Pflanzen im Garten zu sammeln. Manche bilden von alleine Samen, bei anderen musst du nachhelfen. Hier erfährst du, wie Pflanzen bestäubt werden.

Männlich & weiblich

Damit Samen entstehen, muss Pollen vom männlichen Teil einer Blüte zum weiblichen Blütenteil gelangen. Manchmal sitzen beide Blütenteile in derselben Blüte (Erbsen). Manchmal gibt es rein männliche und rein weibliche Blüten an einer Pflanze (Zucchini). Und bei manchen Arten gibt es männliche und weibliche Pflanzen.

Spargel bildet männliche und weibliche Pflanzen.

Genau wie gewünscht: sortenreine Samen

Du willst, dass aus einem Samen genau dieselbe Sorte wächst wie die, von der du sie gesammelt hast? Dann gilt es, ein paar Dinge zu beachten:

• Nimm eine Sorte aus „offener Bestäubung". Auf der Samentüte darf nicht „F1" oder „Hybride" stehen.

• Pflanze entweder nur die Sorte, von der du Samen sammeln willst, oder halte großen Abstand zu anderen Sorten im eigenen Garten (oder sogar im Nachbargarten).

• Samen entstehen nur, wenn die Blüten auch bestäubt werden. Das geschieht in der Natur auf verschiedene Weise. Mais wird vom Wind bestäubt. Bei den meisten Pflanzen erledigen Insekten die Bestäubung. Manche Pflanzen muss man mit der Hand bestäuben, damit sie Samen der gewünschten Sorte bilden.

Bestäubung von Hand

Du brauchst dafür Wäscheklammern und Schilder oder Stöcke, um bestäubte Blüten zu kennzeichnen.

Zucchini & Kürbisse

MÄNNLICH

WEIBLICH

WEIBLICHE BLÜTE

MÄNNLICHE BLÜTE

1. Suche abends, kurz bevor es dunkel wird, an jeder Pflanze einige männliche und weibliche Blüten, die gerade aufblühen wollen. Klammere die Enden mit Wäscheklammern zu, damit sie sich nicht öffnen können.

2. Pflücke am nächsten Morgen eine männliche Blüte und löse vorsichtig die Blütenblätter ab. Streiche mit den Staubgefäßen wie mit einem Pinsel über das Innere der weiblichen Blüte an einer anderen Pflanze. Wiederhole das mit anderen männlichen Blüten.

He, Bestäubung ist mein Job!

3. Verschließe die weiblichen Blüten wieder mit Wäscheklammern (damit keine Bienen hineinfliegen können). Dann kannst du beobachten, wie sich Früchte bilden und reif werden.

CLEVER!
Von Erbsen und Tomaten kannst du ganz leicht Samen ernten. Bei Blumenkohl und Brokkoli ist es schwieriger.

Samen ernten & aufbewahren

Und wie sammelt man die Samen nun und bewahrt sie auf? Das hängt von der Pflanzenart ab. Aber einige Grundregeln gelten für fast alle. Wenn du Spaß am Sammeln hast, wirst du mit der Zeit lernen, was es bei den verschiedenen Pflanzenarten zu beachten gilt.

Von welcher Pflanze?

Nimm nur die besten Samen von gesunden Pflanzen. Suche kräftige Exemplare aus, die so aussehen, wie du sie am liebsten magst. Möchtest du Bohnen mit roten Blüten, dann nimm nur Samen von rot blühenden Pflanzen. Natürlich sollte es eine Sorte sein, die der ganzen Familie schmeckt. Am besten vorher probieren!

Wann soll ich sammeln?

Samen sollten reif sein. Je länger sie an der Pflanze bleiben, desto besser. Wenn es aber oft regnet, können sie schimmeln. Manche Pflanzen (wie Salat) kannst du komplett aus der Erde ziehen, in eine Papiertüte stecken und an einem trockenen Platz aufhängen. Die trockenen Samen fallen in die Tüte.

Stangenbohnen mit Blüten, frischen Hülsen und reifen Samen

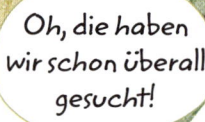

Oh, die haben wir schon überall gesucht!

Genau kontrollieren

Bewahre nur die allerbesten Samen auf. Kontrolliere sorgfältig, was du gesammelt hast. Wirf alle Samen weg, die beschädigt oder verschimmelt sind. Sortiere auch kleine Zweige oder Reste von den Samenhüllen aus. Solche Teile sind meist leichter als die Samen. Schütte alles in eine flache Schüssel und puste vorsichtig hinein. Die leichten Teile fliegen fort, die sauberen Samen bleiben in der Schüssel liegen.

Richtig aufbewahren

Samen müssen trocken sein, sonst können sie schimmeln. Du darfst sie aber nicht im Backofen trocknen, denn sie vertragen keine Hitze. Trockne sie in einem warmen, trockenen Raum. Danach bewahrst du sie kühl und trocken auf, zum Beispiel in einer fest schließenden Gefrierbox. Du kannst sie sogar in den Kühlschrank stellen.

Ich helfe dir, die Tomaten aufzuessen.

CLEVER! Feuchte Samen gut waschen und zum Trocknen auf einem Teller ausbreiten, damit sie nicht faulen.

Tomatensamen säubern

Tomatensamen sind von einem Gelee umhüllt. Es verhindert, dass sie zur falschen Zeit keimen. Wenn du die Samen aufbewahren willst, solltest du dieses Gelee entfernen.

1. Lege die Samen einige Tage in ein Glas mit Wasser, bis sie anfangen, etwas unangenehm zu riechen.

2. Gieße alles in ein Sieb und spüle gründlich mit viel kaltem Wasser. So entfernst du das aufgeweichte Gelee.

3. Breite die Samen auf einem Teller aus. Sie dürfen sich nicht berühren, sonst kleben sie zusammen. Stelle den Teller einige Tage auf die Fensterbank, bis die Samen trocken sind.

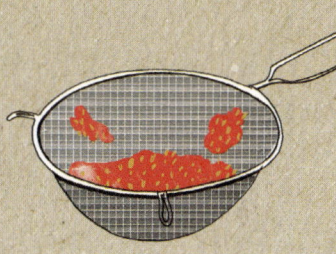

Neue Pflanzen ohne Samen

Es ist nicht immer leicht, Pflanzen aus Samen zu ziehen. Manche gehen schnell ein, andere wachsen sehr langsam oder verändern ihren Geschmack. Zum Glück gibt es andere Möglichkeiten, den gewünschten Nachwuchs zu produzieren.

ERDBEEREN

Schösslinge

Himbeeren bilden aus den Wurzeln, die flach in der Erde wachsen, neue Pflanzen. Dann bedrängen die jungen Pflanzen manchmal andere Arten oder tauchen irgendwo auf, wo du sie nicht haben willst. Grabe sie einfach mit dem Spaten aus und setze sie an einen neuen Platz.

Ausläufer

Junge Erdbeerpflanzen wachsen so leicht, dass du Freunden welche abgeben kannst. Im Sommer bilden sie lange „Stiele", an deren Enden sich neue Pflanzen bilden. Man nennt sie Ausläufer. Wenn sie kräftige Wurzeln gebildet haben, kannst du die Verbindung zur Mutterpflanze durchschneiden. Die kleinen Pflanzen setzt du in einen Topf oder an eine andere Stelle im Beet.

CLEVER!
Wenn du viele junge Pflanzen hast, kannst du dein Taschengeld aufbessern und sie verkaufen.

HIMBEEREN

Triebspitzen bewurzeln

Brombeeren bilden lange Triebe, die im Frühling bis zu 5 cm am Tag wachsen. Die langen Ruten biegen sich, und wo ihre Spitzen die Erde berühren, bilden sich Wurzeln und neue Pflanzen. Diese Pflanzen kannst du von der Mutterpflanze abschneiden. Dann gräbst du sie vorsichtig aus und setzt sie an einen anderen Platz.

BROMBEEREN

JOHANNISBEEREN

Stecklinge

Schwarze Johannisbeeren lassen sich ganz leicht vermehren. Schneide einfach im Spätwinter oder zeitigen Frühling (bevor sich die Blätter zeigen) ein 20–25 cm langes Stück von einem jungen Zweig ab und stecke es in die Erde. Es bildet Wurzeln und beginnt zu wachsen. Schneide lieber mehrere Stecklinge, denn nicht alle wachsen an.

Teilen

Diese einfache Methode eignet sich für Rhabarber. Grabe einfach die Pflanze aus und teile sie mit einem Spaten in mehrere Teile. Diese Teile kannst du dann einzeln wieder einpflanzen. Aus jedem wächst mit der Zeit eine neue Pflanze heran.

RHABARBER

Obst & Gemüse in Töpfen

Auch wenn du keinen Garten hast, kannst du leckeres Obst und Gemüse ernten. Würzige Kräuter, Salat, Erdbeeren und viele andere Pflanzen wachsen wunderbar in Töpfen und Kübeln auf dem Balkon oder sogar auf der Fensterbank.

Kräuter

Kräuter wachsen prima in Töpfen. Koriander, Basilikum und Petersilie gedeihen auf der Fensterbank. Salbei, Rosmarin, Schnittlauch, Oregano und Minze sind robuster und können im Freien stehen.

CLEVER!
Stelle deine Kräuter auf die Fensterbank in der Küche. Dann hast du sie zum Kochen immer schnell zur Hand.

Salate

Viele Salate gedeihen in Töpfen, im Haus oder draußen. Am besten säst du verschiedene Sorten, dann hast du mehr Abwechslung auf dem Teller.

RUCOLA Er keimt schnell und schmeckt toll auf Pizza und im Salat.

MIZUNA Ein würziger Salat, der mit dem Kohl verwandt ist.

ROTER SENF Er bringt Farbe auf den Teller! Aber Vorsicht, wenn die Blätter älter werden, schmecken sie ziemlich scharf.

SCHNITTSALAT Ihn gibt es mit roten und grünen Blättern. Man kann sie ganz jung ernten oder größer werden lassen.

Gemüse

Gemüse, das lange Wurzeln bildet (wie Pastinaken) oder viel Wasser braucht (wie Kohl), eignet sich nicht gut für Kübel. Versuche es lieber mit Frühlingszwiebeln, Radieschen, runden Karotten, Lauch, Fenchel oder Rote Bete. Alle außer Radieschen und Karotten kannst du in Schalen vorziehen und später in Kübel pflanzen. Wenn es bei euch selten regnet, solltest du Gemüse in Töpfen und Kübeln jeden Tag gießen.

Leckere Erdbeeren . . . Fehlt nur die Schlagsahne!

Obst

Erdbeeren wachsen gut in Töpfen. Sie brauchen nicht viel Platz und bilden viele Früchte – wenn du sie regelmäßig gießt. In Töpfen sind sie auch besser vor Schnecken geschützt. Hängende Arten kannst du rings um den Kübelrand pflanzen und etwas anderes in die Mitte setzen.

Ich bin scharf auf Radieschen!

Pizza aus dem Garten

Pizza schmeckt lecker und der Teig ist leicht gemacht. Das Besondere an dieser Pizza ist, dass das Gemüse für den Belag aus deinem eigenen Garten stammt. Und die Kräuter kommen von der Fensterbank.

Auf jede Pizza gehört eine Schicht Tomatensoße. Wenn du oft Pizza (oder Nudeln) isst, nimm am besten große Fleischtomaten oder Romatomaten für die Soße. Sie haben besonders viel Geschmack. Aber auch andere Sorten schmecken gut, wenn man sie langsam gart.

Aus dem Garten auf die Pizza

TOMATEN Für Soße eignen sich große Tomaten am besten. Kleine Cocktailtomaten kannst du halbieren oder im Ganzen auf deine Pizza legen.

ZWIEBELN Du kannst alle Zwiebelarten – auch kleine Frühlingszwiebeln – verwenden. Gib sie fein gehackt an die Soße oder lege Ringe auf die Pizza, bevor du sie in den Ofen schiebst.

ZUCCHINI Sehr lecker zu Tomaten, Zwiebeln und Basilikum. Lege einfach dünne Scheiben auf die Tomatensoße. Eine oder zwei Pflanzen genügen für die ganze Familie. Sie bilden über viele Wochen immer wieder neue Früchte. Da ist frischer Nachschub gesichert!

KRÄUTER Typische Pizzakräuter sind Basilikum und Oregano. Beide wachsen leicht im Beet oder Topf. Oregano ist sehr robust und wächst in fast jedem Boden. Schneide ihn regelmäßig zurück, damit er kleine, aromatische Blätter bildet. Basilikum verträgt keinen Frost, ansonsten ist er pflegeleicht. In kühlen Gegenden kannst du einen Topf auf eine sonnige Fensterbank oder ins Gewächshaus stellen.

BASILIKUM

Pizza: So wird's gemacht

Für den Teig

Dieses Rezept genügt für vier runde Pizzen.

- 300 g Weizenmehl Type 550
- 1 Teelöffel Trockenhefe
- 200 ml lauwarmes Wasser
- 1 Prise Salz
- 1 Esslöffel Olivenöl

1. Gib alle Zutaten in eine große Schüssel und rühre um, bis ein weicher Teig entsteht. Decke die Schüssel mit Frischhaltefolie ab und stelle sie 15 Minuten an einen warmen Platz.

2. Knete den Teig durch: Breite ihn aus und klappe die Ränder mit den Händen zur Mitte – ungefähr 10-mal. Danach wieder abdecken und 15 Minuten ruhen lassen.

3. Wiederhole Schritt 2 noch zweimal. Lass den Teig danach ruhen, bis er etwa doppelt so groß geworden ist. Du kannst den Teig auch am Vortag zubereiten und über Nacht im Kühlschrank aufgehen lassen.

4. Teile den Teig in vier Portionen. Knete jede kurz durch. Streue Mehl auf die Arbeitsfläche und rolle die Teigportionen mit einem Nudelholz möglichst dünn aus.

5. Jetzt kannst du die Pizzen nach Lust und Laune belegen.

Für die Tomatensoße

Koche die Soße, während dein Teig ruht.

- 2 große Zwiebeln (oder 4 kleine)
- 2 Esslöffel Olivenöl
- 450 g große Tomaten
- 1 Teelöffel brauner Zucker

1. Hacke die Zwiebeln und brate sie etwa 10 Minuten mit Öl in einem Topf an, bis sie weich und glasig sind.

2. Hacke die Tomaten und gib sie zu den Zwiebeln. Rühre den Zucker unter und lass die Soße bei schwacher Hitze etwa 40 Minuten leicht kochen, bis sie dick und etwas klebrig wird. Heize den Ofen auf 220 °C vor.

Belegen und backen

1. Lege die ausgerollten Teigkreise auf eingeölte oder mit Backpapier ausgelegte Backbleche. Bestreiche sie mit deiner Tomatensoße.

2. Belege die Pizzen mit Zwiebelringen oder Zucchinischeiben (oder beidem). Streue Basilikum oder Oregano (oder beides) darüber. Vergiss nicht, zuletzt alles mit Mozzarella oder Parmesan zu bestreuen.

3. Schiebe die Pizzen vorsichtig in den Ofen und backe sie 10–15 Minuten. Guten Appetit!

Wer braucht Salat, wenn es Pizza gibt?

Register

Bildnachweis

Shutterstock: *Hauptteil:* S. 6, 13, 15, 17, 20, 22, 23, 24, 30, 31, 32, 33, 34, 35, 36, 37, 38, 41, 47; *Extras:* Säen, Ausklappseite (Boden); Nährstoffe (Schnur)

DANK DES AUTORS

Für Max & Sam

Danke an Ruth, ohne die ich dieses Buch nicht hätte schreiben können, an Ivan und Jonah für viele gute Ideen und an Monica für Ermutigung und Unterstützung.